# SCHIRMER'S LIBRARY
## OF MUSICAL CLASSICS

# D. Hilarión Eslava

# Método de Solfeo

### Sin Acompañamiento

**Revisado por**

**JULIÁN CARRILLO**

## G. SCHIRMER, Inc.

DISTRIBUTED BY

7777 W. BLUEMOUND RD. P.O. BOX 13819 MILWAUKEE, WI 53213

# Primera Parte

## CONOCIMIENTOS PRELIMINARES

*MÚSICA es el arte de bien combinar los sonidos y el tiempo.*

Todos los caracteres y señales que sirven para la música corresponden a una de estas dos cosas: a la 1ª que es el *sonido,* pertenecen las *claves, signos, (o notas) sostenidos, bemoles, becuadros,* las letras *p* (piano) *f* (forte) y otras varias palabras, que puestas debajo o encima de los signos, modifican su sonido. En fin, al sonido corresponde todo lo que a éste afecta, haciéndolo ya grave o agudo, ya fuerte o débil.

Al *tiempo* pertenecen los *aires, compases, figuras, puntillos, silencios, puntos de reposo y fermatas* (llamados *calderones*), las palabras *accelerando, ritardando* y otras varias, que puestas debajo o encima de las figuras, modifican su valor. En fin, al *tiempo* corresponde todo lo que a éste afecta, haciéndolo rápido o lento.

Todos estos caracteres se colocan en el *PENTAGRAMA, que es el conjunto de cinco líneas y cuatro espacios,* a lo cual se da vulgarmente el nombre de *pauta o pautado.* Véase.

| | |
|---|---|
| 5ª línea | |
| 4ª línea | 4º espacio |
| 3ª línea | 3º espacio |
| 2ª línea | 2er espacio |
| 1ª línea | 1er espacio |

El arte musical se divide en varios ramos, siendo el fundamento de todos ellos el *solfeo.* Esta palabra proviene de los signos *sol* y *fa,* como la antigua *solmización* se derivaba *de sol* y *mi. Solfeo* es, pues, *el arte de bien medir y entonar, dando a cada signo su propio nombre.*

NOTA. *Sin más que esta idea general de la música, pasará el Maestro a explicar al discípulo la primera lección de solfeo, que es la escala; y como en ella solo se hallan signos, clave de sol, compás binario y figuras redondas, lo deberá hacer del modo siguiente.*

## De lo que pertenece al SONIDO, que es la CLAVE y los SIGNOS

*LOS SIGNOS o notas son los que denotan lo agudo o grave de los sonidos, según su colocación en el pentagrama:* ellos son siete, y sus nombres son *Do, Re, Mi, Fa, Sol, La, Si,* que multiplicados hacia arriba y hacia abajo, forman todos los sonidos que producen las voces e instrumentos.

Como los *signos* no tienen una misma colocación en el *pentagrama,* es necesario determinarla por medio de una señal que se pone al principio, y que se llama *clave:* de consiguiente, *CLAVE* es *la que fija la colocación que se da a los signos en el pentagrama.* Son varias las claves que hay: la 1ª es la de *Sol,* que se coloca en la 2ª línea. Véase: Determinando por esta clave que el signo *sol* se coloca en la 2ª línea, es fácil conocer el lugar que ocupan los demás.

Como los signos multiplicados hacia arriba y hacia abajo no caben dentro de los límites del pentagrama, se les coloca también en líneas y espacios adicionales. Véase el ejemplo siguiente con el cual se comprenderá bien la *clave, signos, pentagrama y líneas adicionales.*

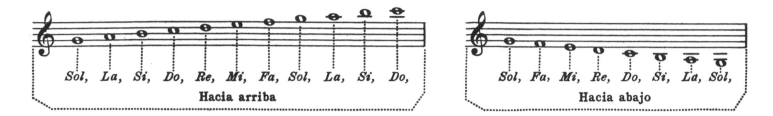

Sol, La, Si, Do, Re, Mi, Fa, Sol, La, Si, Do,
**Hacia arriba**

Sol, Fa, Mi, Re, Do, Si, La, Sol,
Hacia abajo

## De lo que pertenece al TIEMPO, que es el COMPÁS y FIGURAS

*COMPÁS es una pequeña porción de tiempo, dividida en 2,3 ó 4 partes, que sirve para medir el valor de las figuras.* Se denota con una señal colocada junto a la Clave. Hay varias especies de compases: el 1º es el compasillo, que se escribe con un semicírculo así ₵ o así C.[1] Cuando se pone así: ₵ denota que se divide en dos partes, al cual llamamos *compasillo binario o* simplemente *binario.*[2] Cuando se escribe así C, significa que se divide en cuatro partes, el cual se llamaba *compasillo cuaternario,* y que hoy llamamos simplemente *compasillo.* Ahora se trata solamente del *binario,* que es el más fácil. Se divide en dos partes marcándose con dos movimientos de la mano, uno hacia abajo y otro hacia arriba que se llaman *dar y alzar.* De las dos partes en que se divide este compás, la 1ª se llama también *fuerte* la 2ª *débil,* por ser el efecto de aquella mucho más decisivo que el de ésta.

*FIGURA es la diferente forma que se da a las notas musicales para determinar su duración.*

Téngase presente que se da el nombre de *nota* a la reunión de signo y figura que expresan el sonido y su valor. Hay varias especies de figuras: la 1ª es la *redonda,*[3] que vale un compás entero de compasillo.

Al fin de cada compás se pone una línea que atraviesa el pentagrama, y se llama *línea divisoria,* *que sirve para dividir o separar los compases entre sí,* véase

Como cada redonda vale un compás, después de cada una de ellas hay una línea divisoria.

NOTA. Ahora el Maestro después que el discípulo comprenda bien la clave y los signos que contiene la 1ª lección según las definiciones y explicaciones que hemos dado, le enseñará a entonarla contando con él y cuidando que la afinación sea muy exacta, luego pasará a explicar lo que respecta al *tiempo,* que es el compás y líneas divisorias, concluyendo por solfear la lección con compás. Este mismo orden deberá observarse también con exactitud en las siguientes.

(1) El origen de escribirse el compasillo con un semicírculo así C o ₵ es por que los antiguos lo calificaron de imperfecto suponiendo que el ternario era únicamente perfecto, por lo cual lo designaban con un círculo completo, de este modo O o Φ.

Téngase presente que cuantas notas se hallen al pie de las páginas no son sustanciales, de consiguiente queda a la discreción del Maestro el hacer o no uso de ellas para con los discípulos.

(2) Debe desterrarse la denominación de compás *mayor* la cual daban los antiguos únicamente al que escribían con dos redondas o cuatro blancas en el compás, llamando *menor* o compasillo al que no contenía más que una redonda o dos blancas.

(3) He adoptado la denominación francesa respecto a las figuras, como la más clara, propia y sencilla. Es sumamente impropio y ridículo llamar *breves y semibreves* a las de mayor duración: estos nombres solo pueden tener lugar en la primitiva música de *facistol,* escrita con *máximas y longas,* desterrada ya enteramente.

Más claros son sin duda los nombres de *unidad, mitad, cuarto, octavo* etc; equivalentes a los de *redonda, blanca, negra, corchea* etc. *J. C.*

**LECCIÓN 1**

Todas las figuras tienen sus respectivos *silencios:*[2] el de redonda, que como ella, tiene un compás de duración, se señala así: ☰ y se coloca debajo de cualquiera de las cinco líneas.

**LECCIÓN 2**

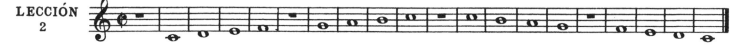

La figura que vale la mitad de una *redonda,* se llama *blanca.* Véase: ☰ Entran dos en cada compás, y cada una de ellas vale una parte.

**LECCIÓN 3**

Cuando dos notas, que son de un mismo nombre y sonido, se hallan unidas por medio de una línea curva que se llama *ligadura,* no se pronuncia la 2ª sino que prolongándose la 1ª se reune a ésta el valor de aquella. Véase: ☰

**LECCIÓN 4**

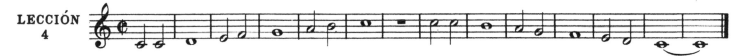

El silencio de *blanca* se scribe así ☰ y se coloca sobre cualquira de las 5 líneas.

**LECCIÓN 5**

**LECCIÓN 6**

## EMISIÓN DE LA VOZ[3]

No he querido complicar el estudio de las lecciones anteriores, enseñando al mismo tiempo la emisión de la voz. Ahora que el discípulo estará seguro en la perfecta afinación de la escala, conviene que aprenda a emitir los sonidos de su voz con toda pureza. Mi objeto, al dar algunos conocimientos en esta materia, no es otro sino el querer evitar los resultados funestos que se ven con frecuencia en muchos, que acostumbrados, mientras dura el estudio del *solfeo,* a emitir defectuosamente la voz, llegan casi a inutilizarse después para el estudio del *canto.*

(1) En las **20** primeras lecciones no está designado el *aire:* al principio debe ser muy despacio, y aun después no debe pasar de *Moderato.*
(2) Los nombres de pausa, aspiración y suspiro son impropios, y no expresan su significado como la palabra silencio.
(3) Todas estas instrucciones acerca de la emisión podrán omitirse con aquellos discípulos de quienes no se pueda ni se deba esperar que se dediquen al canto.

29519

Los defectos más graves, perjudiciales y de más trascendencia son los de emitir la voz *gutural* o *nasal:* a la 1ª llaman vulgarmente voz de *gola,* y a la 2ª *gangosa.*

Para combatir la 1ª ocasionada por hinchar la lengua por su base, oprimiendo la garganta,[1] es necesario hacer que el discípulo aplane bien la lengua en toda su extensión, ahondándola por su base o raiz.

Como la lengua es la que especialmente está encargada de transformar la voz en vocales por medio de sus movimientos, es necesario que éstos se hagan principalmente por los bordes de ella, ligeramente por medio, y de ningún modo por su base.

El defecto nasal es fácil de conocer y corregir al principio. Cuando la columna de aire sonoro va directamente a tomar su resonancia en los fosos o agujeros nasales en lugar de dirigirse a la boca, resulta un sonido enteramente gangoso.

Cogiendo las narices con las yemas de los dedos, es como puede conocerse si la columna de aire, cuando sale de la garganta, se dirige hacia los fosos nasales o hacia la boca: si la dirección es a ésta, el sonido será puro; si es hacia las narices, será nasal, lo cual debe evitarse con cuidado. La posición de la boca es una de las cosas que más influyen en la emisión de la voz: el Maestro debe cuidar de que el discípulo **ponga** la boca de modo que la quijada, labio y dientes inferiores esten separados perpendicularmente de la quijada, labio y dientes superiores: los labios deben estar blandamente pegados a los dientes: la boca debe estar medianamente abierta, retirando sus costados en la forma que tienen en la sonrisa antes de llegar a ella. De este modo se abre la boca en justas proporciones, presenta además una forma agradable, y contribuye a la emisión pura de la voz.

Los defectos más comunes son abrir poco la boca, o abrirla en forma ovalada, redondeando los labios, lo cual debe evitarse cuidadosamente.

Estos conocimientos, que por su claridad están al alcance de todos, bastan para el objeto que me propongo, que es prevenir los males que se siguen del descuido casi general que hay en esta materia.

Para poner en práctica todo lo dicho, el Maestro enseñará con viva voz al discípulo el siguiente ejercicio, observando escrupulosamente los preceptos dados, deteniéndose en cada lección hasta que el discípulo emita bien la voz, y pronuncie con correcta posición de boca.

El maestro podrá hacer solfear al discípulo, si cree necesario, algunas de las lecciones pasadas, especialmente la 1ª que es la escala, para que se asegure en la práctica de la emisión, teniendo cuidado en las sucesivas de observar exactamente lo dicho: en ellas hallará señaladas las respiraciones con una *coma,* y cuidará de que el discípulo dé toda la duración debida a los sonidos, haciéndole tomar la respiración suficiente. También debe prohibirse al solfista todo esfuerzo violento, pues basta para el *solfeo* cantar a media voz.

---

[1] Digo *garganta* para que me entiendan todos; porque si usase de los nombres de *glotis y epiglotis* etc. serían necesarias otras explicaciones.

[2] No se hace uso de la *u* porque no la tienen los signos con cuyos nombres se *solfea.*

**LECCIÓN 7**

La figura que vale la mitad de una *blanca* se llama *negra*. Véase: Entran 4 en cada compás, y cada una de ellas vale media parte.

Terceras con Preparación

**8**

## Terceras sin Preparación

LECCIÓN
12

## Cuartas con Preparación

LECCIÓN
13

## Cuartas sin Preparación

LECCIÓN
14

## Quintas con Preparación

LECCIÓN
15

## Quintas sin Preparación

LECCIÓN 16

## Sextas con Preparación

LECCIÓN 17

## Sextas sin Preparación

LECCIÓN 18

## Octavas con Preparación

LECCIÓN 19

### Octavas sin Preparación

Antes de pasar a la lección 21, conviene que el discípulo esté seguro en las entonaciones de los intervalos que hemos recorrido en las anteriores. Para adquirir esta seguridad, el mejor medio es valerse de los ejercicios siguientes, haciéndolos practicar sin compás y sin acompañamiento. La práctica me ha demostrado, que de este modo se asegura el discípulo en las entonaciones mucho mejor que por medio de lecciones medidas. Advierto sin embargo, que si el Maestro ve, que el estudio de estos ejercicios se hace fastidioso al discípulo, podrá repartirlos en trozos, asignando uno de ellos en cada una de las lecciones siguientes; pero de ningún modo deberá omitirlos por consideración alguna.

NOTA. De aquí en adelante podrá el discípulo estudiar por si solo, observando las advertencias que acerca de ello tenemos hechas; añadiendo a ellas, que conviene que el Maestro, después de dar la lección del dia, al asignar la siguiente, explique al discípulo todas las novedades que ella contiene respecto al tiempo y sonido, para que, comprendiéndolas bien, pueda estudiarla con aprovechamiento, y no perder el tiempo en balde.

Esta advertencia la hago solamente para aquellos Maestros que no tienen gran práctica en la enseñanza; porque los que la tengan, sin necesidad de este consejo, habrán practicado exactamente esto mismo.

### EJERCICIOS

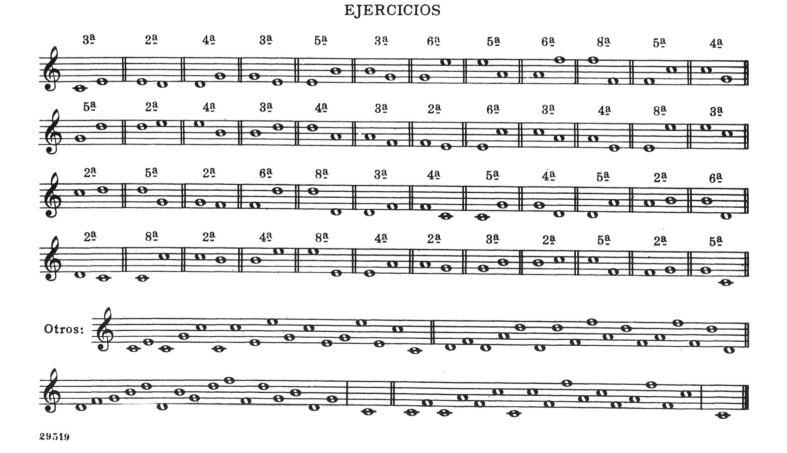

# DE LOS AIRES

*AIRE es el que designa el grado de presteza o lentitud que debe llevar el compás.* Se denota con una palabra italiana puesta al principio de una pieza o lección o en el discurso de ella.

Hay 4 *aires* principales, que son *Allegro* (aprisa), *Andante* (muy moderado), *Adagio* (despacio) y *Largo* (muy despacio). Las modificaciones que éstos reciben se hallarán en el discurso de estos solfeos, y en la tabla que está al fin.

# DEL COMPASILLO

El compás de *compasillo,* con cuyo solo nombre entendemos hoy el *cuaternario,* se divide en 4 partes o tiempos, se designa con esta señal ══C══ y se marca con 4 movimientos de la mano en esta forma 2——3: la 1ª y 3ª se llaman partes fuertes y la 2ª y 4ª débiles.[1] Entran el mismo número de figuras que en el compás *binario;* de consiguiente, la redonda vale un compás entero, que son 4 partes; la *blanca* medio, que son dos; y la negra un cuarto, que es una.

## Combinaciones progresivas de Entonaciones y Figuras

<hr>

(1) Las partes fuertes y débiles del compás son en música lo que las sílabas acentuadas e inacentuadas en el lenguaje.
(2) Este *aire* no es tan despacio como muchos creen, sino un poco más lento que el *Allegro moderato* y nada más: así lo entendieron los antiguos, y este es el significado de la palabra *Andante* derivado del verbo *andare* andar.

*PUNTO DE REPOSO,* vulgarmente *CALDERÓN, es un semicírculo con un punto en medio, que colocado debajo o encima de una nota o silencio, sirve para interrumpir momentaneamente el discurso musical, suspendiendo el compás:* véase  (1)

(1) También se le da el nombre italiano *Fermata* (detención); pero éste, además de significar el punto de *reposo,* incluye el caso de ejecutar la voz o instrumento algún paso *ad libitum.*

# DEL PUNTILLO

El *PUNTILLO aumenta a la figura que lo tiene la mitad de su valor:* se coloca a la derecha de la nota: una *redonda,* cuyo valor es un compás, vale uno y medio con puntillo; la *blanca,* cuyo valor es dos partes, vale tres con puntillo y así de las demás.

El *silencio* de *negra* se escribe así ✶ y se coloca en cualquier parte del pentagrama.

# DE LA SÍNCOPA

Llámanse *SONIDOS SINCOPADOS a las notas que se dan a contratiempo.* El resultado de las notas sincopadas es acentuar la parte *débil* del compás más que la *fuerte;* y como ésto sea invertir el orden natural, se dice que son *a contratiempo.* Hay síncopas *largas, muy largas, breves y muy breves.* Se escriben de 3 modos: 1º por medio de ligaduras; 2º por medio de notas partidas y 3º cortadas, por medio de pausas.

**14**

NOTA. Como conviene tanto que la progresión de las lecciones esté dispuesta de tal modo, que el discípulo pueda comprender facilmente lo que desconoce por lo que tiene ya conocido, pongo en adelante algunas lecciones de las pasadas reduciéndolas a figuras de menos valor. Si con todo esto el discípulo hallase dificultad en practicarlas, el Maestro podrá hacerle solfear antes la lección pasada, de la que se ha hecho la reducción, midiéndola en compás binario: por ejemplo: siendo la lección 30 reducción de la lección 21, el Maestro, si lo cree necesario, puede hacer solfear al discípulo la lección 21 en compás binario, antes de pasar a decir la 30 en compasillo: de este modo se facilita la medida de las nuevas figuras que vayan apareciendo; porque las negras tienen el mismo valor en compás binario, que las corcheas en compasillo; guardando la misma proporcion las demás figuras. Este mismo orden debe seguirse en todas las lecciones que son reducciones de otras, si las circunstancias del discípulo lo exigen.

29519

# DE LA CORCHEA U OCTAVO

*CORCHEA U OCTAVO es la figura que vale la mitad de una negra.* En el compás de *compasillo* entran 8; en cada parte dos; y una sola vale media parte. Se escriben de dos modos; unidas por medio de una barrita, o sueltas con una especie de corchetito (de lo cual toman el nombre). Véase:

### Reducción de la Lección **21**

LECCIÓN 30 — Andante

### Reducción de la Lección **22**

LECCIÓN 31 — Andante

# DE LOS INTERVALOS Y DE LAS ALTERACIONES

*INTERVALO es la distancia que hay de un sonido a otro.* Hay intervalos *conjuntos y disjuntos:* los *conjuntos,* que son de los que tratamos ahora, son las distancias que hay de un sonido a otro inmediato, que constan de un *tono* vulgarmente punto[1] o de medio tono, que es lo mismo que semitono: véanse los intervalos conjuntos que resultan en la escala.

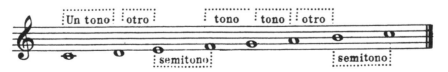

(1) El nombre de punto, dado a una nota cualquiera como igualmente al intervalo de un tono, viene de que hubo un tiempo en que se notaba la música por medio de puntos.

Todos los intervalos de *tono* se pueden dividir en dos *semitonos* por medio de las alteraciones de los signos, que son 3; sostenido ♯[(1)], bemol ♭ y becuadro ♮ el *sostenido* altera al sonido, que lo tiene de un *semitono* hacia arriba; el bemol lo altera un *semitono* hacia abajo; y el becuadro destruye el efecto del sostenido o bemol que le precede. **Las** alteraciones se dividen en *propias y accidentales*. De las primeras se tratará en la 2ª parte de este método. Las accidentales son las que se colocan a la izquierda de las notas, alterándolas. Véase:

(1) Algunos quieren que se llame sustenido y no sostenido porque dicen, que éste no expresa con propiedad el significado de subir medio tono más; pero debe tenerse presente, que aquel proviniendo del verbo anticuado sustener, que hoy decimos sostener, tiene la misma impropiedad.

Sostenido accidental en *Fa* precedido de *Sol*

Sostenido en *Do* precedido de *Re*

# REDUCCIÓN DE LA LECCIÓN 25
## Negras con Puntillo

La negra, cuyo valor es una parte, vale una y media con puntillo.

Bemol en *Si* y Sostenido en *Sol* precedidos de *La*

# DEL BECUADRO

Las alteraciones accidentales no solo sirven para alterar a los signos que las tienen, sino también a todos los de su mismo nombre, que están después de ellas dentro del mismo compás, de modo que si se quiere que un signo alterado con *bemol o sostenido* vuelva a ser natural dentro del mismo compás, es necesario ponerle un *becuadro*[1]. Véase.

(1) Las denominaciones de bemol y becuadro vienen de que los antiguos emplearon para cada nota una letra del abecedario, asignando al *si* la *B:* por esto llamaban *B mol* al *si* ♭, que quiere decir blando: y *B cuadro* al *si* ♮ que quiere decir duro: suponiendo que este último (cosa verdaderamente extraña) hacía en el oido un efecto parecido al de un cuerpo cuadrado o con esquinas sobre un plano como el de la mano.

29519

El silencio de corchea se escribe así ⸻ y se coloca en qualquier parte del pentagrama.

Síncopas breves. Reducción de la Lección 27

Cuando a la palabra *Allegro* (aprisa) sigue la de *Moderato* (moderado) designa que el *aire* del compás debe ser algo más aprisa que en el *Andante,* y más despacio que en el *Allegro.*

NOTA. Aunque el aire que se ponga a la cabeza de una lección deba ser aprisa, el discípulo, después de entonarla sin compás, deberá cantarla despacio al principio.

NOTA. Como los 1ᵒˢ bemoles accidentales en *mi* y en *la* suelen ser bastante difíciles a los principiantes, se advierte al Maestro, que conviene que el discípulo se detenga en la frase que encierran los compases 18 al 20 hasta que la entone perfectamente antes de pasar adelante. Como la frase siguiente a ésta, que contiene la dificultad que se trata de vencer, tiene los mismos intervalos, queda vencida de este modo insensiblemente.

### Bemoles en *Mi* y en *La* precedidos el 1ᵒ de *Re* y el 2ᵒ de *Sol*

# DE LOS TRESILLOS[1]

*TRESILLO es un grupo de tres notas que tienen accidentalmente el mismo valor que si fueran so-lo dos* de la misma especie. Un tresillo de negras entra en el mismo lapso de tiempo que corresponde normalmente a dos de ellas; el de corcheas, en el tiempo que entran dos ect: Los tresillos se mar-can poniendo un 3 sobre la segunda nota y cuando son muchos, solo se marca el primero. Véase:

# DEL COMPÁS DE 2 POR 4

Este compás denota, que de las **4** negras que entran en *Compasillo,* entran en él dos: tiene dos par-tes, que se marcan con dos movimientos de la mano, uno abajo y otro arriba, que se llaman dar y al-zar; la 1ª parte es fuerte y la 2ª débil. Véase:

una blanca    **2** negras    **4** corcheas
(o mitad)    (o. **2** cuartos) (o **4** octavos)

NOTA. Téngase presente, que aunque las alteraciones solo afectan a los signos de un mismo nombre que están den-tro del compás, sin embargo, cuando la última nota de un compás ha sido alterado y sigue la misma al principio del siguiente, se le pone comunmente becuadro, si se quiere que sea natural, como se ve en los compases **13** y **14** de la siguiente lección.

### Bemol en *Si* y sostenidos en *Fa* seguidos de sus respectivos
### Signos Naturales

[1] El tresillo, lo mismo que el seisillo, es un valor irregular en los compases compasillo, binario **3** por **4** y **2** por **4**: pero los compositores hacen un uso (abuso podría llamarse en muchos casos) tan frecuente de él en dichos compases, que he creido necesario colocarlo aquí, y usarlo con frecuencia en las lecciones siguientes, para que el discípulo se vaya acostumbrando a esta irregularidad tan común en la práctica.

Los *tresillos* se componen algunas veces de un silencio y dos corcheas. Véase:

N.B.

### Sostenidos en *Sol* y *Do* seguidos de sus respectivos Signos Naturales

Allegretto moderato

LECCIÓN 42

La palabra *Andantino* designa un aire más lento que el *Andante,* del cual es diminutivo.

NOTA. En la lección siguiente se encuentran algunos tresillos compuestos de una negra que vale dos tercios y una corchea. También se hallan otros con un silencio en medio de dos corcheas que juntos con él, forman tresillo.

Andantino

LECCIÓN 43

(1) Será demasiado largo y fuera de propósito el rebatir aquí a los que defienden que el *Andantino* es más aprisa que el Andante; baste por ahora decir que entre éste y el *Adagio* no hay otro *aire* medio sino el *Andantino*.

N.B. En muchos casos se encuentran tresillos en otras formas. Véase la lección 43.

## DE LAS DOBLES CORCHEAS O DIECISEISAVOS[1]

*DOBLE CORCHEA O DIECISEISAVO es la figura que vale la mitad de una corchea;* entran 4 en una parte de *compasillo,* y cada una vale la mitad de media parte. Se escriben de dos modos como las *corcheas,* unidas por medio de dos barras, o sueltas con un corchetito doble, del cual toman su nombre. Véase:

### Reducción de la Lección 30

[1] Si el Maestro quiere usar el antiguo nombre de semicorcheas debe explicar al discípulo, que dicho nombre no proviene de la forma de su figura sino de su valor que es el de media corchea.

La palabra *Allegretto,* diminutivo de *Allegro,* designa un aire igual al *Allegro moderato* pero se distingue de este por el carácter de la música, que suele ser más sencillo y ligero.

## Bemoles y Sostenidos precedidos de sus respectivos
### Signos Naturales

Reducción de la Lección **31**

LECCIÓN 47 · Andantino

Sostenidos y Bemoles precedidos, los **1**$^{os}$ de sonidos de un
tono más bajo, y los **2**$^{os}$ de otro más alto

LECCIÓN 48 · Andante

LECCIÓN 49 · Allegro moderato

La corchea con puntillo vale media parte y la mitad más, o lo que es lo mismo, tres cuartos de parte. Téngase presente lo que se dijo al principio acerca del modo de facilitar la ejecución de las lecciones de reducción.

### Sostenidos y Bemoles precedidos y seguidos de grados disjuntos o notas de salto

*Allegro maestoso* o sola la palabra *Maestoso* designa un aire poco más despacio que el *Allegretto*, y de un carácter majestuoso.

La palabra *Adagio* designa un *aire* más lento que el *Andante* y el *Andantino*.

NOTA . Suele suceder con algunos discípulos que, cuando el *aire* es muy despacio, no sienten bien sus oidos al principio el metro del compás, haciendo desigual la duración de sus partes. Para combatir este defecto, conviene que antes de principiar la lección (supónese ya estudiada) marquen en uno o dos compases el *aire* designado y con mucha igualdad, contando las partes (una, dos, tres, cuatro,) con decisión y energía; para que de este modo se les haga sensible la medida del compás, y puedan luego seguir la lección sin alterar el grado de lentitud en que se empezó.

El silencio de *doble corchea* se escribe así ▆ y se coloca en cualquier parte del pentagrama.

### Síncopas muy breves.[1] Reducción de la Lección 37

Cuando una lección o pieza de música se divide en varias secciones o partes, al fin de cada una de ellas, en lugar de la simple línea divisoria del compás, se ponen dos barras, así ▆ Si delante de la 1ª hay dos puntos en esta forma ▆ se repite la parte que precede. Si dichos puntos están detrás de la 2ª se repite la que sigue: véase ▆ y si están de este modo, ▆ se repite la que precede y la que sigue.

(1) Para facilitar al principio la medida de estas síncopas, conviene que el discípulo acentúe un poco la 2ª mitad de ellas de este modo ▆ pero debe advertirle el Mtro. que esta ejecución es viciosa en el *canto* vocal o instrumental: porque la que debe reforzarse según las reglas del buen *canto* es la 1ª mitad del sincopado, y no la 2ª.

## De los Tresillos y Seisillos de Dobles Corcheas

Así como un tresillo de corcheas tiene el mismo valor que en general corresponde a dos de ellas, en las dobles corcheas rige la misma teoría; de manera que, un tresillo de éstas vale media parte o tiempo, en compasillo. Se escriben de dos modos: cuando provienen de combinación doble, esto es de dos corcheas en cada parte, se ponen en grupos de tresillos; y cuando provienen de combinación triple o de tresillos de corcheas, se escriben en grupos de seis. Véase:

La palabra *Largo* designa el aire más lento de todos, y es en consecuencia, más despacio que el *Adagio*.

NOTA. No olvide el Mtro. hacer que el discípulo mida uno o dos compases antes de principiarse la lección, del modo que dije al tratarse del *Adagio*, para que su oído sienta bien la medida del compás; lo cual se hace difícil sin este medio, por la mucha lentitud del mismo. Para facilitar todo lo posible la medida de la lección siguiente, he puesto los compases primeros como reducción de la 43, que podrán cantarse despacio en compás binario antes de ejecutarse ésta.

### Tresillos de Dobles Corcheas o Combinación doble

(1) Por no cuidarse algunos compositores de escribir correctamente esta combinación, y poner indebidamente seisillos en lugar de dobles tresillos, he visto repetidas veces grandes entorpecimientos en las orquestas; pues es distinta la acentuación métrica del doble tresillo respecto de la del seisillo; en la 1ª se acentúan la 1ª y la 4ª y en la 2ª la 1ª, 3ª y 5ª

## Seisillos de Dobles Corcheas o Combinación Triple

**NOTA.** En la **2ª** parte se hallarán lecciones de **2** por **4** en **4** partes; por ahora conviene que por lento que sea el *aire* en este compás no se marque sino en dos partes.

La palabra *Allegro* designa un *aire* cuyo movimiento es más vivo que el del *Allegretto*, y es el 1º de los 4 *aires* principales.

**NOTA.** El discípulo aprenderá separadamente los 5 trozos que incluye la lección siguiente, y después que los sepa bien, los ejecutará todos seguidos para que en conjunto se haga cargo de todo lo que contiene esta 1ª parte del método, y conozca sensiblemente la diferencia de los *aires*.

Recopilación de toda la 1ª Parte

Fin de la 1ª Parte